プラスチックモンスターを
やっつけよう！

きみが地球のためにできること

高田秀重／監修　クリハラタカシ／絵

クレヨンハウス編集部／編

もくじ

動物たちが傷ついています。

写真の生きものたちを見てください。
何が起きているか、わかりますか？

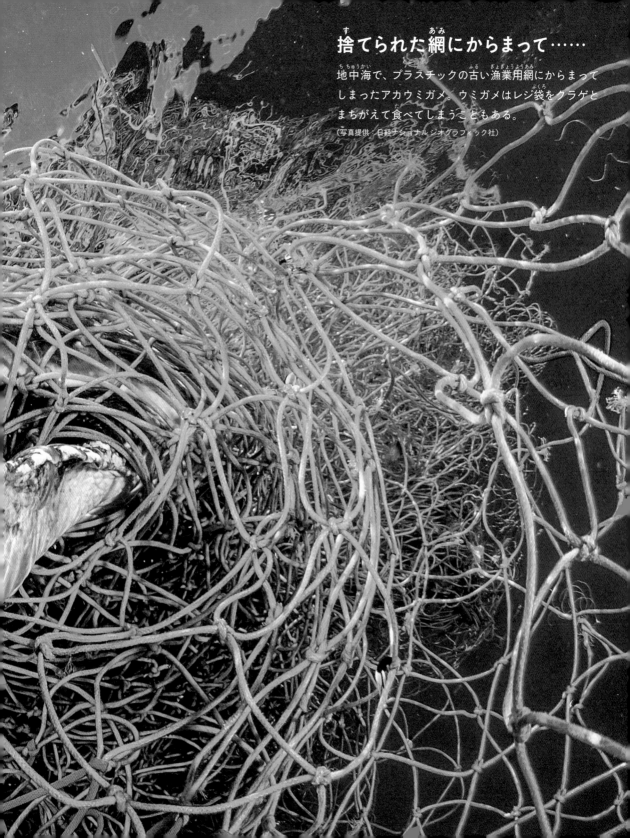

捨てられた網にからまって……

地中海で、プラスチックの古い漁業用網にからまって
しまったアカウミガメ。ウミガメはレジ袋をクラゲと
まちがえて食べてしまうこともある。

（写真提供：日経ナショナル ジオグラフィック社）

飛ぶことも
できない！

スペインのごみ捨て場で、ポリ袋がからまってしまった、コウノトリの仲間シュバシコウ。撮影の後、写真家に助けられた。（写真提供：日経ナショナル ジオグラフィック社）

ペットボトルの
キャップに……

巻貝の殻で身を守るはずが……沖縄のヤド
カリが背負っているのはペットボトルのキ
ャップ。観光客は、ヤドカリが使う貝がら
を持ち帰り、ごみを残していく。

（写真提供：日経ナショナルジオグラフィック社）

苦しい！

漁業用網がからまってしまったオットセイ。南大西洋のサウスジョージア島で。（写真提供：日経ナショナルジオグラフィック社）

安全なはずの巣が……

プラスチックごみで巣をつくるシロカツオドリ。ひもや網が首などに巻きついてしまう危険がある。北海のヘルゴラント島にて。

（© Maria Feck / Greenpeace）

サンゴが
死んでしまう！

モルディブの海中で「白化（酸素をつくれなくなり、死んでしまうこと）」したサンゴに、プラスチックがからまっている。プラスチックの加工や日焼け止めに使われる「紫外線吸収剤」が、白化の原因のひとつとされる。

おなかに
入っていたのは……？

北太平洋のミッドウェー島で見つかったアホウドリの死がい。プラスチックごみが胃袋にたまり、えさを食べられなくなって餓死してしまった。

世界中が
ごみだらけです。

町に、川に、海に。
こんなにごみがあふれてしまっています。
なぜなのでしょう？

荒川にたまるごみ

日本にも、プラスチックごみが
たまる場所があちこちに。写真
は東京都江戸川区の荒川河口。

（写真提供：高田秀重）

危険なあそび場

たくさんのプラスチックごみがうち上げられる、フィリピンのマニラ湾。子どもたちはここであそんでいる。（© Daniel Müller / Greenpeace）

埋め立て地から飛ばされて……

フランスのごみ埋め立て地から飛ばされ、運河へたどりついたプラスチックごみ。(© Wolf Wichmann / Greenpeace)

「聖なる川」にもプラスチックごみ

インドの道ばたでは、プラスチックごみをあさるウシの姿が。
ガンジス川でも、プラスチック汚染が問題になっている。

（写真提供：高田秀重）

プラスチックの運河!?

タイのバンコクで、運河に浮かぶプラ
スチックごみ。

（© Chanklang Kanthong / Greenpeace）

東京でも
あふれています

東京都大田区のごみ保管場所。プラスチックごみが山になっている。アジアの国々がプラスチックごみの引き取りをやめたので、国内のごみは行き先をなくし、あふれつつある。

（写真提供：毎日新聞社）

マドリードに
ごみの山

スペインのマドリードにあるごみ埋め立て地。プラスチックを含むたくさんのごみが山積みに。ずさんな管理が問題になっている。

19

（© Pedro Armestre / Greenpeace）

プラスチックモンスターの
しわざです！

ペットボトル、レジ袋、ストローなど、
プラスチックでできたものはとても便利。
わたしたちのまわりにたくさんありますが……。

じつは……
危険なモンスター
だったのです!

プラスチック モンスターってなに？

プラスチックモンスターには 4 つの特徴^{とくちょう}があります。
最近^{さいきん}ようやくわかってきました。

プラスチックモンスターの特徴^{とくちょう}①

とりつく

プラスチックは自然のものではないので、
生ごみや紙とちがって、土にかえりません。
海や川、森の中で、いつまでもそこにあり続けて、
生きものにからみついたり、環境を汚したりします。
生きものは、からみついたプラスチックを自分で取ることができず、
いのちの危険につながっていきます。

漁業の網

レジ袋

ストロー

ビニールひも

鳥が巣の材料に使い、からまってしまうことも。

プラスチックモンスターの特徴②
えさのふりをする

海や川、森などにあるプラスチックは、
生きものがえさとまちがえて
食べてしまうことになります。
しかもプラスチックは、
太陽の光（紫外線）、波の力などによって、
だんだんとちいさなかけらになっていきます。
ちいさなかけらは「マイクロプラスチック」といって、
ますます生きものの口に入りやすくなります。

5ミリ以下になったものを
「マイクロプラスチック」
といいます。（写真提供：高田秀重）

紫外線や波でちいさくなって…

プラスチックは水より軽いので、海に出ると、はじめは浮いています。マイクロプラスチックになると、生きもののフンや死がいなどがくっつき、重くなって沈みます。それらがとれると、また軽くなって浮いてきます。この「浮いたり沈んだり」をヨーヨーのようにくり返しています。

マイクロプラスチックを食べた
生きものを、さらにほかの生き
ものが食べてしまいます。それ
をひとが食べることに……。

25

ほかにもあります。
「マイクロプラスチック」のもと

大きなプラスチックが細かくなるほかに、もともとちいさくて、
マイクロプラスチックのもとになりやすいものもあります。

プラスチックの材料「ペレット」

プラスチックの材料は、
石油からつくられる、「ペレット」という粒。
米粒くらいの大きさなので、運ばれるときにこぼれたり、
工場から外へ出てしまうことも。

(写真提供：高田秀重)

化粧品などの「マイクロビーズ」

はみがき粉などに使われる「マイクロビーズ」や、
香る柔軟剤の「マイクロカプセル」は
とてもちいさいプラスチック。下水処理場でも取りきれません。

(© Fred Dott / Greenpeace)

衣類の「マイクロファイバー」

ナイロンやアクリルなど化学繊維の服は、
洗うたびに細かい繊維が流れ、
これも下水処理場で取りきれないので、
海に出てしまいます。

プラスチック繊維の顕微鏡写真
(写真提供：パタゴニア)

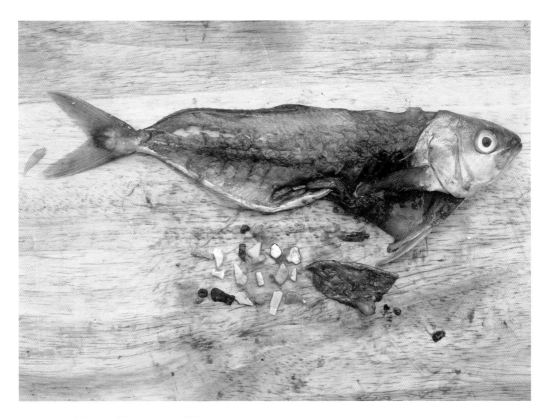

ハワイの近くの海でとれた魚のおなかから、
17個のプラスチックが出てきました。そ
の魚を食べるのは、人間かもしれません。

(© The 5 Gyres Institute)

水道水からも、「マイクロプラスチッ
ク」が見つかっています。でも、ペ
ットボトル入りの水のほうが、20倍
も多いのです。ボトルからマイクロ
プラスチックが出ているからです。

プラスチックモンスターの特徴③
毒を出す

プラスチックには、加工しやすくするためや、品質を保つために、
いろいろな「添加剤」が使われています。
それらは溶け出してくることがあるので注意が必要。
なかには「環境ホルモン」という、
人間や、ほかの生きもののからだによくない作用があるものもあります。

プラスチックに使われる添加剤

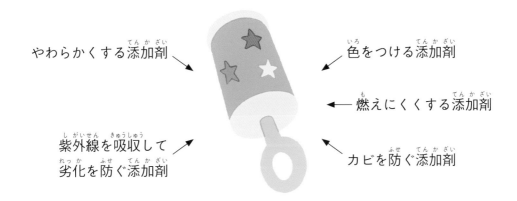

やわらかくする添加剤

色をつける添加剤

燃えにくくする添加剤

紫外線を吸収して劣化を防ぐ添加剤

カビを防ぐ添加剤

環境ホルモンがからだに入るとどうなる？

わたしたちのからだでは、いろいろなホルモンが働いて、健康を保っています。
ところが環境ホルモンは、本物のホルモンと似ていて、
からだにまちがった指令を出します。
動物では、オスがメス化したり、子どもができにくくなるなどの
影響が報告されていて、人間でも、子どもが大人になるのが遅れたり、
勉強に集中できなくなったりするほか、下のようなことが起きる可能性があります。

おなかの中のあかちゃんの
育ちをじゃまする

精子が減る

乳がんに
なりやすくなる

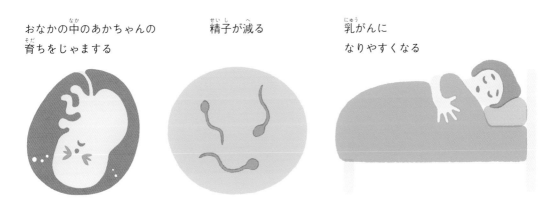

添加剤、環境ホルモンは、
どうやって出てくるの？

べんとうばこ

油分の多い食べものが入ったプラスチック容器を、レンジであたためると、添加剤が溶け出すことが。

ラップ、食品保存袋

油分が多かったり、熱い食べものに使うと、添加剤がついてしまうことも。

缶づめ

缶づめの内側はプラスチックでコーティングされています。その添加剤が、食品によって溶け出すことも。

カップめん

お湯を入れると、容器の添加剤が溶け出すことも。

アイスクリーム

冷たいものも安全ではありません。
アイスクリームの脂肪分が袋にふれ
て、添加剤が溶け出すことも。

衛生用手ぶくろ

調理用などの使い捨て手ぶくろも、
油分が多い食品にふれると、添加剤
が溶け出す心配があります。

埋め立てられた
土地も水も
汚れてしまう!

プラスチックを埋めたり、燃やしたりした場所
も、添加剤で汚染されてしまいます。まわりに
住むひとたちの健康に悪い影響を与えることも。
プラスチックから環境ホルモンが、川や地下水
に溶け出すこともあります。

プラスチックモンスターの特徴④

パワーアップする

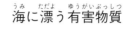

海に漂う有害物質

くっつけて
パワー
アップ！

プラスチックには、有害な物質を
くっつけやすい性質があります。
そのため、海に漂ううちに、同じように海に流れてきた油や農薬や、
工業排水などに含まれたダイオキシンなどとくっつきます。
それを生きものが食べてしまったら……？

殺虫剤

工業排水

農薬

沈んでいた有害物質も、プラスチックが連れてきてしまう!

たとえば、PCB（ポリ塩化ビフェニル）という化学物質は、危険だとわかって、いまはつくられなくなりました。
でも、むかし工業で使われていたときのものが、まだ海の底の泥にたまっています。マイクロプラスチックは、浮いたり沈んだりするので、それらの有害物質をくっつけて、海面に連れてきて遠くまで運んでしまいます。

遠い場所の有害物質も、プラスチックが運んでくる

もともとPCBが排出され、多く見つかるのは、工業地帯でした。でもいまは、南太平洋のイースター島やガラパゴス諸島、大西洋のセントヘレナ島、南極海のマッコーリー島など遠く離れた島でも見つかります。マイクロプラスチックが、PCBを運んでいると考えられています。

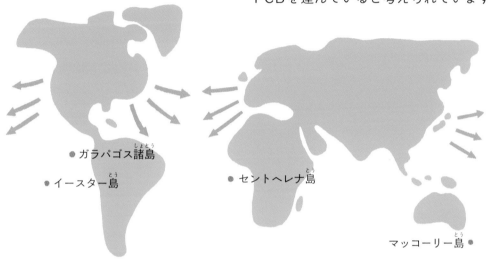

ガラパゴス諸島

イースター島

セントヘレナ島

マッコーリー島

生きもののからだの中にも、「配達」してしまう

有害物質をくっつけたプラスチックは、えさのふりをして、生きもののからだの中に入ります。さらに、その生きものを食べてしまう生きものもいます。こうして、生きものの体内に、有害物質が「配達」されてしまいます。

プラスチック
モンスター図鑑

暮らしの中にいるプラスチックモンスター、見つけてみて！
パッケージなどに、名前が書いてあるはずです。

5大プラスチックモンスター

身の
まわりで
よく見かけるのは
この5種類

ポリスチレン

危険度　☆☆

どんなものに使われている？
食品トレイ、発泡スチロール、
ハンガー、
コンピュータなど

カップめんの容器にも使われ
るが、お湯などで熱くなると、
「スチレン」という物質を出
す。スチレンは、がんの原因
になるといわれている。

ポリエチレン

危険度　☆☆

どんなものに使われている？

レジ袋、ラップ、フリーザーバッグ、
洗剤のボトル、バケツ、
ペットボトルのふた、
灯油タンクなど

世界でいちばん多いプラスチックモンスター。じょうぶ
で加工しやすいので、パッケージなどにもよく使われる。
ほかの有害物質をくっつける力が強い。

ポリ塩化ビニル

危険度 ☆☆☆

どんなものに使われている?

ホース、クレジットカード、
合成の皮製品など

またの名を「塩ビ」「PVC」。やわらかくもかたくもなり、変幻自在だが、もともと不安定な性質なので、加工するためにたくさんの添加剤が使われている。そのなかには環境ホルモンやその仲間もあり、おもちゃに使うことも法律で禁止されている最有毒モンスター。さらに、燃やすと、がんの原因になるダイオキシンを出す。

ポリエチレン
テレフタレート

危険度　☆☆

どんなものに使われている？

ペットボトル、フリースなどの衣類、
たまごのパックなど

透明で空気を通さないので、パッケージになることが多い。おとなしいほうだが、環境ホルモンの仲間やアンチモンという毒性物質を出す。

ポリプロピレン

危険度　☆☆

どんなものに使われている？

ストロー、おもちゃ、
使い捨ておむつ、文房具など

扱いやすく、かたくもなるので、キャップなど、力がかかるものに使われる。おとなしいほうだが、油断は禁物。添加剤や環境ホルモンを出すことがある。

ほかにも身近なプラスチックモンスター

ポリウレタン

危険度　☆☆

どんなものに使われている?

キッチンスポンジ、マットレス、
スポーツウェアなど

こんな
モンスターも
家の中に
いませんか?

ぜんそくなどの原因になるイソシアネートという
物質から生まれる。もともと燃えやすいので、燃
えにくくする添加剤がたくさん使われている。

強くてかたく、わりとおとなし
いので扱いやすい。しかし、家
電になったものは、燃えにくく
する添加剤が使われているので、
それらを出すことがある。

アクリル

危険度　☆

**どんなものに
使われている?**

ブロックなどのおもちゃ、
ヘルメット、衣類など

ポリカーボネート

危険度　☆

どんなものに使われている?

DVD、CD、飛行機の窓、
めがねのレンズ、
携帯電話など

ビスフェノールＡという環境
ホルモンが原料になっている
ので、環境ホルモンを出すこ
とが心配されている。食品用
には使われなくなってきたが、
強くて、割れてもこなごなに
ならないため、ガラスのかわ
りとして使われることが多い。

エポキシ樹脂

危険度　☆☆

どんなものに使われている？
缶づめ、ペンキ、接着剤など

強くて軽く、温度変化にも強い。発がん性もある有害な添加剤が使われているのに、缶づめの内側にはほとんどエポキシ樹脂がぬられているため、どうしても少し口に入ってしまう。

ポリアミド

危険度　☆

どんなものに使われている？

衣類、ハブラシ、タイヤなど

「ナイロン」や「ケブラー」などの名前で知られる合成繊維。わりとおとなしいが、たくさんの添加剤が使われているので、じかに肌にふれるうちに、かゆみなどを引き起こすかも。

メラミン樹脂

危険度　☆☆

どんなものに使われている？

食器、ホワイトボード、スポンジなど

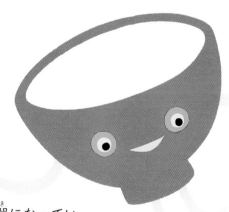

熱や酸で有害物質を出すので、食器になっている場合は電子レンジに入れてはいけない。また、汚れを落とすのに使われるメラミンスポンジは、カスがマイクロプラスチックになる。

プラスチックモンスターは増えている！

世界の海に漂うプラスチックは、なんとおよそ27万トン、5兆個！マイクロプラスチックを入れると、もっとたくさんあるでしょう。このままでは、地球がモンスターで埋めつくされてしまうかも……？

海のごみベルト

海に出たプラスチックモンスターは、潮の流れに乗って、
下のベルトのようなエリアに集まっています。かならずしも、
近くの国が出したごみではありません。プラスチックモンスターは、
生まれた国から遠く離れたところにも流れていくのです。
日本でつくられたものも、ハワイなどでたくさん見つかっています。

プラスチックは
どんどんつくられている！

世界でつくられているプラスチックは、
50年でおよそ20倍に増えました。

2016年
3.35億トン

世界でつくられているプラスチックの量

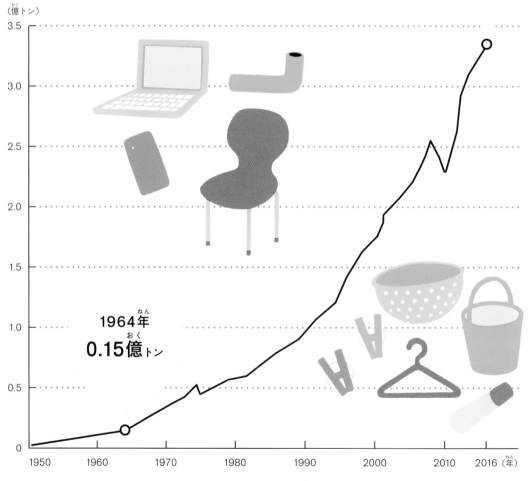

1964年
0.15億トン

毎日新聞 2018 年 7 月16日「世界のプラスチックの生産量」より

1年に
3億トンも
プラスチックごみが！

ごみになるプラスチックも
増えています。
そのほとんどが埋め立てられるか
海などに捨てられていて、
リサイクルされているのは
たった9パーセントほどです。

世界で出たプラスチックごみの量

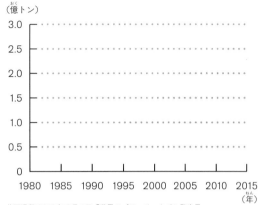

共同通信 2018年8月4日「世界のプラスチックごみ発生量
OECD（経済協力開発機構）による」より

日本は米国の次に
使い捨て
プラスチックが多い！

日本では1年間に
ひとりおよそ30キログラムもの
使い捨てプラスチックを
ごみにしています。
世界でも米国の次に
使い捨てが多いのです！

使い捨てプラスチックごみの量 （2014年）

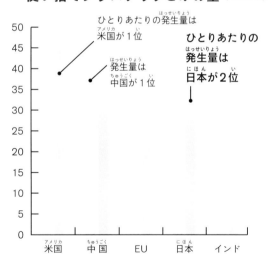

ひとりあたりの発生量は
米国が1位

発生量は
中国が1位

ひとりあたりの
発生量は
日本が2位

使い捨てプラスチックごみの発生量		
ひとりあたりの使い捨てプラスチックごみの発生量		
（ ■ ＝単位：100万トン ■ ＝単位：kg／人）		

UNEP（国際環境計画）「SINGLE-USE PLASTICS：A Roadmap for
Sustainability」（2018）より

目立つごみは
ペットボトルやポリ袋！

埼玉県から東京都を流れる荒川で
行われているごみ拾いでは、
11年連続していちばん多く拾われたのが、
ペットボトルでした。
見つけやすく拾いやすいのかもしれませんが、
たくさん捨てられていることは
まちがいありません。

出典：NPO法人荒川クリーンエイド・フォーラム

● 拾われたごみ上位10（2018年）

（個）
30,000
20,000
10,000
0

ペットボトル
食品のポリ袋
食品のプラスチック容器
食品の発泡スチロール容器
びん
缶
レジ袋
ペットボトルのキャップ
ポリ袋（レジ袋、食品用以外）
タバコのすいがら、フィルター

レジ袋はひとり1年150枚！

日本では、1年間に
ひとりあたりおよそ150枚の
レジ袋を使っています。
1枚のレジ袋から数千個の
マイクロプラスチックモンスターが
生まれるといわれます。
2020年7月から有料にすることで、
レジ袋を減らそうとしています。

北極の氷からも
プラスチック！

人間が住む場所から遠く離れたところでも、
プラスチックがたくさん見つかっています。
たとえば北極の氷から、
海水1リットルあたり最大250個の
マイクロプラスチックが見つかったという報告も。
氷の中にとじこめられた
プラスチックモンスターは、
温暖化で氷が溶けたら、
また海に流れ出ます。

深海魚もプラスチックを食べている！

えさのふりをしたプラスチックモンスターを、
魚たちがたくさん食べています。
日本のまわりの海で行った調査では、
約40パーセントの魚からプラスチックが見つかりました。
しかも、浮いているプラスチックは
ほんの一部で、99.8パーセントは
海の底に沈んでいるという推定も。
深海魚からも、プラスチックが
見つかったという報告もあります。

プラスチックモンスターと暮らしてる?

家や学校にも、たくさん
プラスチックモンスターが住んでいます。探してみて!

キッチン

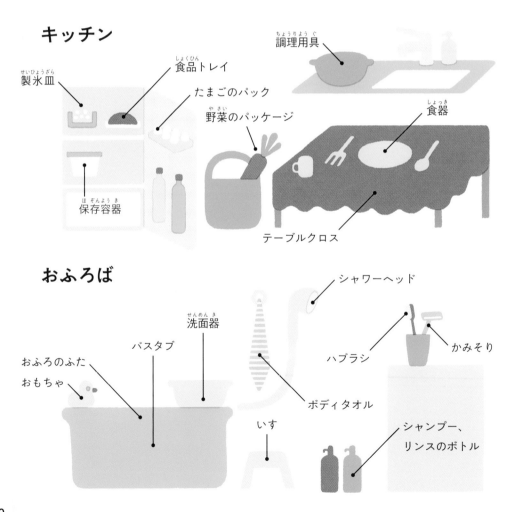

調理用具

製氷皿

食品トレイ

たまごのパック

野菜のパッケージ

食器

保存容器

テーブルクロス

おふろば

シャワーヘッド

洗面器

バスタブ

おふろのふた

おもちゃ

ハブラシ

かみそり

ボディタオル

いす

シャンプー、
リンスのボトル

子ども部屋

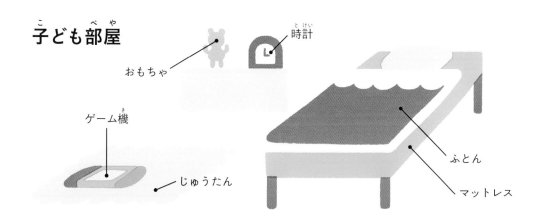

おもちゃ

時計

ゲーム機

じゅうたん

ふとん

マットレス

学校

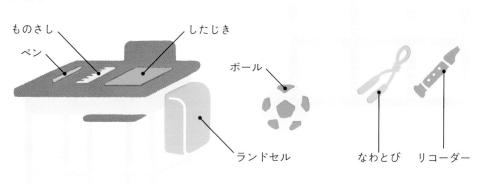

ものさし

ペン

したじき

ボール

ランドセル

なわとび

リコーダー

クローゼット

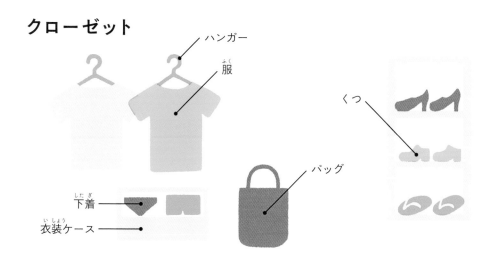

ハンガー

服

くつ

バッグ

下着

衣装ケース

プラスチックモンスターは
こうして海へ！

プラスチックモンスターは、
どこからどうやって海に出ていくのでしょう？
足どりを追ってみると……？

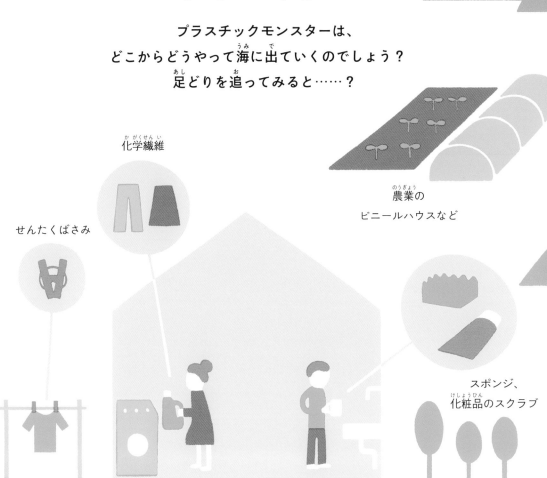

せんたくばさみ

化学繊維

農業の
ビニールハウスなど

スポンジ、
化粧品のスクラブ

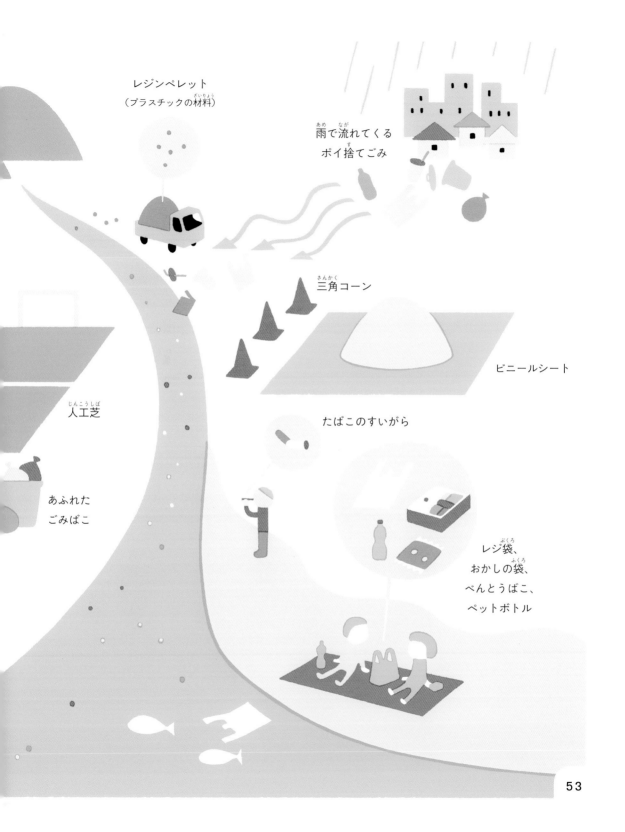

レジンペレット
（プラスチックの材料）

雨で流れてくる
ポイ捨てごみ

三角コーン

ビニールシート

人工芝

たばこのすいがら

あふれた
ごみばこ

レジ袋、
おかしの袋、
べんとうばこ、
ペットボトル

53

プラスチック
モンスター
きみならどうする?

プラスチックモンスターを減らすには、どうしたらいい?
4つの方法があります。いちばんいいのはどれか、考えてみて!
答えは 56 ページから。

A 燃やす

ごみとして焼却炉で燃やす

56 ページへ

B リサイクル

つくり直して使う

58 ページへ

C リユース

そのまま何度も使う

60 ページへ

D リデュース

つくる・使うのを減らす

61 ページへ

A 燃やす を選ぶと……　✕

地球温暖化につながる

プラスチックモンスターを燃やすと、
大量の二酸化炭素（CO_2）が発生します。
二酸化炭素は地球温暖化の原因になり、
結局、環境を汚すことになります。
プラスチックは石油から
できているので、石油を
燃やすようなものです。

ダイオキシンが発生する

「ポリ塩化ビニル（塩ビ）」という
プラスチックモンスターを燃やすと、
がんの原因となるダイオキシンを発生します。
ほかのプラスチックモンスターも
生ごみと一緒に燃やすと、生ごみの中の
塩分が影響して、ダイオキシンを発生します。
最近は、焼却炉の性能がよくなり、
ダイオキシンの発生は減ったとされますが、
ゼロではありません。

焼却炉は高いのに、長く使えない

人口数十万人分のごみを燃やす焼却炉をつくるには約100億円、

管理するには1年で2億円以上と、たくさんの

お金がかかります。にもかかわらず、

焼却炉の寿命は

たった30年ほどです。

10000
10000
10000
10000
10000
10000, 0000
10000

土地が汚染される

古くなった焼却炉を壊しても、

その場所には有害な物質が残されます。

57

B リサイクル（つくり直して使う）を選ぶと……

分別しきれない

プラスチックにはいろいろな種類があり、
ひとつの製品に何種類も
使われていることがあります。
それを分けるのはむずかしいため、
リサイクルに使えるものは
多くありません。

リサイクルマークって？

リサイクルできるプラスチック製品には、マークがついています。数字はプラスチックの種類を表していて、日本では「1」のPET（ポリエチレンテレフタレート）しか表示する義務はありません。「プラ」と書いてあるのは、その他のプラスチック。たとえば下はペットボトルについたマークで、ボトルがポリエチレンテレフタレート、キャップがポリプロピレン（PP）、ラベルがポリスチレン（PS）であることを示しています。

PET
ボトル

キャップ：PP
ラベル：PS

水やエネルギーをたくさん使う

使ったプラスチックには
汚れがついていることが多く、洗うと
汚れた水がたくさん出ることになります。
また、プラスチックを原料に戻して別のものを
つくるには、たくさんのエネルギーが必要です。

リサイクルされるから
だいじょうぶと思ってしまう

左のような理由で、プラスチックは
実際にはあまりリサイクルできていません。
でも、「リサイクルされるからだいじょうぶ」と
思っているひとが多いと、
ペットボトルなどをもっと使うことに
つながってしまうかもしれません。

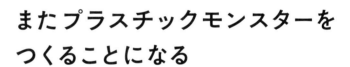

またプラスチックモンスターを
つくることになる

たとえば、ペットボトルからフリースをつくっても、
洗うと、繊維状のマイクロプラスチックが出ます。
フリースを1着洗濯すると、1回約2000本。
そのほとんどが下水処理場をすりぬけて
海へ運ばれてしまいます。

C リユース（何度も使う）を選ぶと……

プラスチックモンスターの危険性はなくならない

新しいプラスチック製品を買うよりは、
ごみを減らすことになりますが、
環境ホルモンなど、
プラスチックを使うことの
危険はなくなりません。

くり返し使うとボロボロになりもっと危険になる

プラスチックは、使っているうちに、
キズがついたり割れたりします。
ボロボロになることで、
添加剤が出やすくなったり、
マイクロプラスチックになりやすくなります。

D リデュース（減らす）を選ぶと……　

プラスチックモンスターは
だんだん減っていく

まずはプラスチックの使い捨てをやめ、
どうしても必要なところにだけプラスチックを使うと、
プラスチック汚染を止めることにつながります。

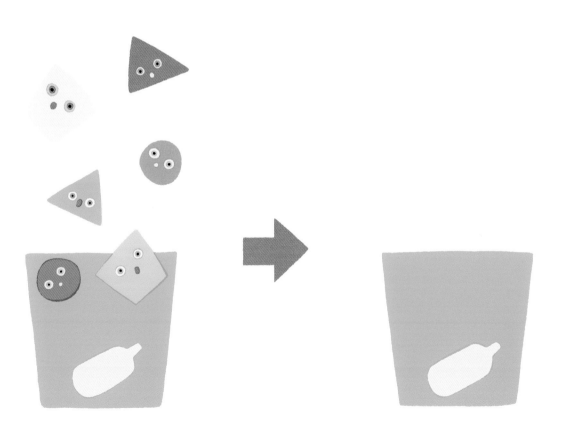

答<ruby>こた<rt></rt></ruby>えは……

まずリデュース！
リユース、リサイクルと
組み合わせて

リデュース（Reduce）、リユース（Reuse）、リサイクル（Recycle）は、
「3R」といわれます。使うプラスチックを減らし、
減らせないプラスチックは長く使い、使ったプラスチックは、
資源にしてもう一度使うという「3R」で
プラスチックモンスターを減らしましょう！

まず、やめるのは、
ペットボトル、レジ袋、ストロー、ドリンクカップなどの
使い捨てプラスチック！

Reduce
リデュース
（減らす）

わたしが
主役！

プラスチック
モンスターを減らす

さん　アール
3R

Recycle
リサイクル
（つくり直して使う）

Reuse
リユース
（何度も使う）

さらにレベルアップで5Rも！

Reduce（リデュース：減らす）、Reuse（リユース：何度も使う）、Recycle（リサイクル：つくり直して使う）の「3R」ができるようになったら、Refuse（リフューズ：ことわる）、Repair（リペア：修理する）を入れた「5R」にチャレンジ！ Refuse（リフューズ：ことわる）は、たとえばお店で買いものをするとき、レジ袋や過剰包装を「いりません」と言うこと。Repair（リペア：修理する）は、穴のあいた靴下をつくろったり、こわれた電気製品を直して長く使うことです。ものを大事にする「もったいない」という気持ちをもって生活すれば、プラスチックモンスターは減っていくでしょう！

日本では
どうしているの？

増え続けるプラスチックモンスター。
日本での対策は、だいぶ遅れてしまっています。

ほかの国に引き取ってもらってきたけれど……？

日本では1年に150万トンものプラスチックごみを
アジアの国々に引き取ってもらっていました。
でも、まず2017年末に中国が、続いてインドネシアなどが、
プラスチックごみはどの国からも受け入れないと決めました。

日本のプラスチックごみはどこへ？

財務省貿易統計より

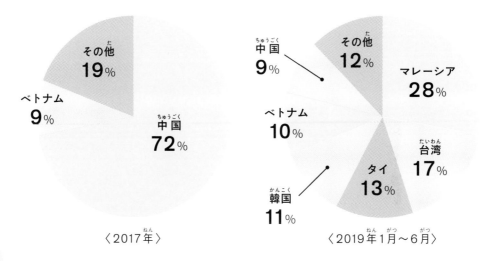

その他
19%

ベトナム
9%

中国
72%

〈2017年〉

中国
9%

その他
12%

マレーシア
28%

ベトナム
10%

台湾
17%

タイ
13%

韓国
11%

〈2019年1月〜6月〉

なぜ、ほかの国に引き取って
もらえなくなったの？

日本だけでなく米国やヨーロッパも、

アジアの国々に、たくさんのプラスチックごみを

「資源」として輸出してきました。

しかし、引き取っていた国でも、プラスチックごみは増えるばかり。

しかも、汚れたペットボトルなどを洗うと、

水が汚染されて環境問題にもつながります。

そのため、2021年1月からは、世界全体でほかの国にプラスチックごみを

引き取ってもらえなくなりました。

プラスチックモンスターはどこへ行くのでしょう……？

少しリサイクルし、
ほとんど燃やしています

たくさんあるプラスチックごみを減らしたり、リサイクルするのはとても大変なので、
日本では、多くのプラスチックごみを燃やしています。
燃やすときの熱を利用して電気をつくったりすればいいと
考えているのですが、実際はあまりうまく利用できていません。

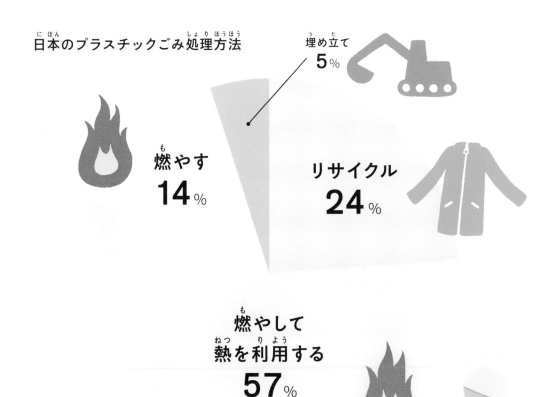

日本のプラスチックごみ処理方法

埋め立て
5%

燃やす
14%

リサイクル
24%

燃やして
熱を利用する
57%

（社）プラスチック循環利用協会「プラスチック製品の生産・廃棄・再資源化・処理処分の状況　2016年」より

燃やすことが
リサイクルって本当？

プラスチックごみを燃やして、その熱を発電などに使うことは、リサイクルではありません。日本ではそれを「サーマルリサイクル」というひともいますが、それはまちがいです。56ページにもあるように、燃やすと二酸化炭素が出るなどの問題もあるため、国際的にはリサイクルと考えられていません。「日本のプラスチックリサイクル率は80パーセント以上」という数字を見かけることがあるかもしれませんが、それは「サーマルリサイクル」を入れたものです。

EUでは……

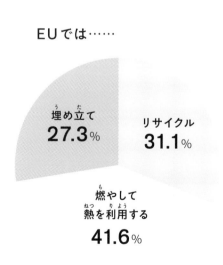

埋め立て
27.3%

リサイクル
31.1%

燃やして
熱を利用する
41.6%

Plastics Europe「Plastics - the Facts 2017」より

新しい
プラスチックを
発明したら？

モンスターにならないプラスチックができたらいいと思いませんか？
いま、研究が進んでいます。

期待のスター？
バイオ
プラスチック

バイオプラスチックって
どんなもの？

バイオプラスチックにはふたつの特徴があります。
片方の特徴だけもっているものもありますが、
両方の特徴をもつバイオプラスチックもあります。

特徴①
植物などの天然素材でできている

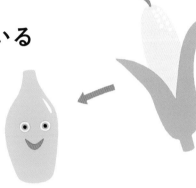

ふつうのプラスチックは石油からつくられますが、

バイオプラスチックには、トウモロコシ、

小麦、大豆、木材、エビの殻などの

天然素材からつくられるものがあります。

「バイオマスプラスチック」といわれます。

特徴②
微生物のえさになる

バクテリアなど微生物のえさになり、
最後は水と二酸化炭素になることを
「生分解」といいます。
土や海水中で、1年くらいで
完全に生分解するものは、
「生分解性プラスチック」と
いわれます。天然素材のほか、
石油からつくられるものもあります。

バイオプラスチックができたら、もう安心？　いいえ、そうとはかぎりません。
気をつけなければいけないことがあります。

注意①

プラスチックモンスターが
かくれているかも？

「バイオプラスチック」とうたっていても、「天然素材か
らつくったポリエチレン」など、生分解しないプラスチ
ックもあります。レジ袋が有料化された後も、バイオプ
ラスチックのものは無料でよいとされていますが、その
中には、そのような「にせ分解性プラスチック」が含ま
れています。また、生分解が遅いものや、生分解を早く
するために有害な添加剤を使ったものもあります。

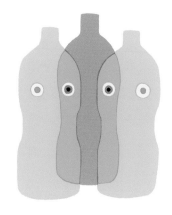

注意②

マークが目じるしになることも

プラスチックモンスターにならないバイオプラスチック
は「微生物の力で1年くらいで生分解し、その後に有
害物質を残さないもの」。そのようなバイオプラスチッ
クなら、コンポスト容器に入れて肥料にすることができ
ます。コンポスト化できるバイオプラスチック製品に、
認証マークをつける取り組みもあります。

オーストリアの認証機関
「TÜV AUSTRIA」のマーク。

注意③
遺伝子組み換えのトウモロコシから
できているかも？

原料が植物でも、
「遺伝子組み換え」のものが使われていては、
環境にいいとはいえません。
遺伝子組み換え作物は、
除草剤をまいても枯れないようにしたり、
それを食べた虫が死んでしまうようにしたもので、
生きものや環境への影響が心配されています。
バイオプラスチックの認証マークがついていても、
遺伝子組み換え作物が使われているかどうかまでは、
チェックできていない場合も。
マークのほかに
「遺伝子組み換え原料は使用していません」と
書いてある製品もあります。

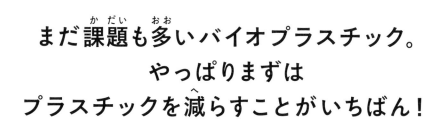

まだ課題も多いバイオプラスチック。
やっぱりまずは
プラスチックを減らすことがいちばん！

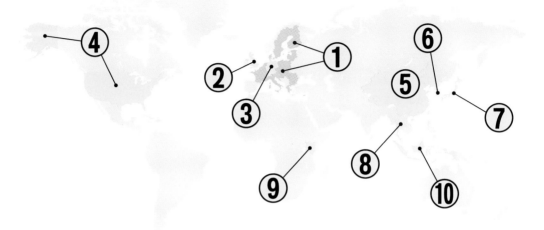

世界中で
なんとかしようと
しています

このままでは地球が大変！
いろいろな国が、プラスチックモンスターを減らす
取り組みをはじめています。

① EU   ④ 米国   ⑦ 日本   ⑩ インドネシア

② イギリス   ⑤ 中国   ⑧ タイ

③ ドイツ   ⑥ 韓国   ⑨ ケニア

EU ①

使い捨てプラスチックを使用禁止に

EUでは、2021年までに使い捨てプラスチックを禁止することに。ストローや綿棒、食器、マドラー、ふうせんの持ち手などが含まれます。また、2025年までに、ほぼすべてのプラスチックボトルを回収する予定です。

© Fred Dott / Greenpeace

イギリス ②

野菜をプラスチック袋に入れないスーパーも

イギリスのスーパー「ウエイトローズ」では、プラスチック包装を減らしたコーナーをはじめました。野菜やくだものがプラスチック袋に入らずそのまま売られていて、買いもの用に、紙の箱や布のバッグが用意されています。

© Isabelle Rose Povey / Greenpeace

ドイツ ③

ペットボトルを返すとお金がもらえる

ドイツではペットボトルを返すと容器代（ようきだい）がもらえるので、ポイ捨（す）てがありません。スーパーなどに置かれた回収（かいしゅう）ボックス（写真左）に入（い）れ、出（で）たレシートをレジにわたしてお金（かね）を受（う）け取（と）ります。右（みぎ）の写真（しゃしん）のようにボトルに容器代（ようきだい）が書（か）かれています。

米国（アメリカ） ④

リサイクル、コンポストのごみばこ

米国（アメリカ）でも、使（つか）い捨（す）てプラスチックを減（へ）らすため、リサイクルをすすめる州（しゅう）が出（で）てきています。写真（しゃしん）はカリフォルニア州（しゅう）のハンバーガーショップのごみばこ。生（なま）ごみや紙（かみ）などは右（みぎ）の「コンポスト用（よう）」に。プラスチックは左（ひだり）の「リサイクル用（よう）」に。

写真提供：高田秀重

中国　⑤

給水機でペットボトルを減らす

中国では、空港などに給水機があります。マイボトルに冷たい水とお湯を入れることができるので、ペットボトル入りの水を買わずにすみます。マイボトルに茶葉を入れてお茶をたのしむひとも。写真は青島空港の給水機。

写真提供：高田秀重

韓国　⑥

プラスチックゼロのお買いものマップ

環境保護団体の「グリーンピース」はソウルで「プラスチックゼロ食品店マップ」をつくりました。マンウォン市場（写真）はそのひとつ。エコバッグを無料で貸したり、自分で容器を持って行くと、割引クーポンをもらえます。

© Jung Park / Greenpeace

日本 ⑦

屋外にはじめて給水機が登場

 2018年、東京都水道局は国内初の屋外型給水機を千代田区の「東京国際フォーラム」に置きました。冷たい水道水をマイボトルに入れられます。2019年8月には、500ミリリットルペットボトル約7,759本分の水が飲まれました。

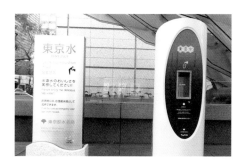

タイ ⑧

ペットボトルは時代遅れに

 プラスチックリサイクルに力を入れているタイでは、ペットボトルごみを増やさない工夫が。ホテルなどでも、ガラスびん入りの水が用意されています。写真はバンコクの国連施設。

写真提供：高田秀重

ケニア　⑨

世界一きびしい？ ポリ袋禁止

ケニアでは2017年、ポリ袋をつくること、売ること、輸入することが禁止されました。使っただけでも、長くて4年間刑務所に入り、最高4万ドル（約435万円）の罰金を払うことに。写真のようなエコバッグがあちこちで売られています。

写真提供：カラフルなアジアン雑貨 笑福 Lotus

インドネシア　⑩

ペットボトルでバスに乗れる

インドネシアで2番目に大きい都市スラバヤでは、ペットボトルやプラスチックカップをバスターミナルやバス停へ持って行くと、市営バスに乗ることができます。写真はペットボトルを乗車券と交換した親子。

写真提供：共同通信社

チャレンジ！
さよなら
プラスチックモンスター

プラスチックモンスターを減らすためにできること、
やってみましょう！

チャレンジ①

プラスチック
ごみを
かぞえてみよう！

あなたの家ではどれくらい
プラスチックごみを出している？
1週間分、右の表に書いてみて。
減らせるものがあるかどうか、
考えてみましょう。

日にち	食品などの パッケージ	ペットボトル	レジ袋	その他	合 計
例	3	2	2	1	8
／（月）					
／（火）					
／（水）					
／（木）					
／（金）					
／（土）					
／（日）					
合 計					

1週間で ☐ 個 × 52週間 ＝ 1年間で ☐ 個

79

チャレンジ②
プラスチック ごみを 拾ってみよう！

家の近所や通学路で、落ちている
プラスチックごみを集めてみましょう。
プラスチックモンスターは危険なので、
かならずトングなどを使い、
手でさわらないように！
何が多かったか、減らすには
どうしたらいいか、考えてみて。

日にち <small>ひ</small>	拾ったもの <small>ひろ</small>
／ （月） <small>げつ</small>	
／ （火） <small>か</small>	
／ （水） <small>すい</small>	
／ （木） <small>もく</small>	
／ （金） <small>きん</small>	
／ （土） <small>ど</small>	
／ （日） <small>にち</small>	
多かった <small>おお</small> もの	

浜辺にかくれた マイクロ プラスチックを 見つけてみよう！

海に行ったら、

マイクロプラスチックモンスターを探してみて。

見つけかたはカンタン。

うまくかくれたつもりでも、

水を入れてみると……？

マイクロプラスチックの見つけかた

用意するもの

・ガラスびん
・水道水
・スコップ
・わりばしなど

1 浜辺の砂を、スコップでびんの中に入れる。

2 水道水を入れる。
※海水だと泡立ってしまい、うまくいきません。

3 わりばしなどでかきまぜる。

4 しばらくすると、色がついたこまかいものが
浮いてくる。それがマイクロプラスチックモンスター!

チャレンジ④
プラスチックを買わないようにしよう！

プラスチックをなるべく使わないことを「プラスチックフリー」といいます。買いものからはじめましょう。

プラスチックフリーの商品にマークをつけているお店もあるかもしれません。これはクレヨンハウスで使っているマーク。

３つのポイント

プラスチックフリーなお買いもの

● ことわる

レジ袋やストローはもらわない。

● ばら売りや紙袋入りを選ぶ

プラスチックの袋に入っていない、ばら売りの野菜や紙パッケージの固形石けんなどを選ぶ。

● ほかの素材を選ぶ

プラスチック以外のものがあるときは、そちらを選ぶ。

プラスチックフリーなお買いものガイド10

1	レジ袋はいりません	買いものには、エコバッグを持って行こう。
2	ビン、缶入りでもっとおいしく	ジュースやしょうゆなどは、ビン、缶、紙容器に入ったものを選んで。
3	石けんで洗おう	液体石けんよりも、紙包装の固形石けん、粉石けんを選ぼう。
4	ばら売りがいいね！	野菜、果物は、ばら売りや紙箱入りを買おう。
5	綿や麻が気持ちいい！	化学繊維はマイクロプラスチックのもと。服やタオルなどは天然繊維を選んで。
6	たわしでおそうじピッカピカ	スポンジや化学ぞうきん、メラミンスポンジなどより、たわしなど天然素材を選んで。
7	木のおもちゃ、うつわでホッ！	とくにあかちゃんが口に入れるおもちゃにはプラスチックはNG。食器も木やガラス、陶器を選ぼう。
8	スクラブ入りにさよなら！	はみがき粉や洗顔料などは、マイクロプラスチックビーズのスクラブが入っていないか注意して。
9	再生プラスチックもまずまず	食品用でなければ、リサイクルプラスチック製品を選んでも。
10	プラスチックは一生ものを	プラスチックしか選べないときは、捨てないつもりで長く使おう。

買う前に、本当に必要かどうか、考えることも大事ですね！

みつろう
ラップを
つくってみよう！

キッチンでよく使われるラップ。
使い捨てない布のラップを
つくってみましょう。
ハチが集めた「みつろう」を
しみこませれば、
お皿にピタッとフィットして、
食べものがかわくのを防げます。

何度も使える

汚れたら洗って、
何度も使えます。

食べものにふれても安全

自然素材のみつろうなら、
有害な物質が出る
心配がありません。

みつろうラップのつくりかた

用意するもの

・**みつろう**（ドロップスタイプ）… **1g**（20粒くらい）

・**木綿の布**（薄くて目がつまったもの）… **10㎝×10㎝**くらい
※大きいサイズでつくるときは、その分みつろうを増やせばOK。

・**アイロン**

・**トレーシングペーパー**（布をはさめる大きさ）　＊

・**新聞紙**

＊クッキングシートを使うとやりやすいですが、表面がプラスチック加工されているため、この本ではトレーシングペーパーを使用しました。

 **1**

新聞紙を厚めに敷き、トレーシングペーパーをのせ、その上に布をのせる。

 **2**

布の上にみつろうをまんべんなく並べ、上からトレーシングペーパーをかぶせる。

 **3**

低めの温度にしたアイロンを当てて、みつろうの粒がなくなるまで溶かす。

みつろうラップの使いかた

汚れたら水でやさしく洗いましょう。
お湯や石けんは使わないで。

油もの、生ものは包まないようにしましょう。

電子レンジには使えません。

 **4**

トレーシングペーパーからはがし、しばらくかわかして、できあがり。

チャレンジ⑥
お店や政治家に話してみよう！

プラスチックモンスターを
なんとかしたい！
そう思った子どもたちが、
さまざまな活動をしています。
一緒にはじめてみませんか？

つり糸の
ポイ捨てを
減らした

シャリース・
リースフィールドさん

シャリースさんは、オーストラリアに住んでいます。2015年、9才だったときに、近くのビーチがプラスチックごみで汚れているのに気づきました。そして、海の生きものを守ろうと活動をはじめ、地元の議会と協力して、使い終えたつり糸（上の写真でシャリースさんが持っているもの）用のごみばこや、ごみを捨てないように知らせる看板を設置しました。また、インターネットやテレビ、ラジオ、雑誌などで、海への思いやりをもとうと伝え続けていて、2019年の国際海洋青年サミットでは、オーストラリア代表に選ばれました。

インスタグラム：@shalisesoceansupport

上／海洋探検家のフィリップ・クストーさんに選ばれて、プラスチック汚染の調査にも参加しました。
下／つり糸用ごみばこから、捨てられたつり糸を回収するシャリースさん。

きょうだいで動物を
プラスチックから
守る運動をはじめた

カーター・リースさん（左）

オリビア・リースさん（右）

米国に住むふたりは、2009年、妹のオリビアさんが7才、兄のカーターさんが8才のとき、絶滅しそうな動物を守る「ワン・モア・ジェネレーション（もう一世代）」というグループをつくりました。そのなかで、動物たちがプラスチックの被害にあっていることを知り、使い捨てストローを減らす運動をしたり、子どもたちがプラスチック問題とリサイクルについて学べるプログラムを考えました。最近では企業にも働きかけ、たとえば、デルタ航空が、ストローや使い捨てプラスチック食器を、自然素材でコンポスト化できるものに変えることに協力しました。

ホームページ：
http://www.onemoregeneration.org

上／「ワン・モア・ジェネレーション」のプログラムを終えた小学生。ふたりが考えた方法で、5～12才の子どもたちがプラスチック問題を学んでいます。

左／ふたりがデルタ航空と一緒につくった、木のマドラーと竹のピック。

バリ島からレジ袋をなくす運動をはじめたきょうだい

メラティ・ワイゼンさん（左）
イザベル・ワイゼンさん（右）

学校でネルソン・マンデラ（人種差別に反対した元南アフリカ大統領）やマハトマ・ガンディー（インドの独立運動のリーダー）などのことをおそわったふたりは、「世界を変えるために、バリ島の子どもとして何ができるか？」と考えるようになりました。そして、2013年、メラティさんが12才、イザベルさんが10才のとき、「バイバイ・プラスチックバッグ」という運動をスタート。SNS（ソーシャルネットワーキングサービス）で集まったクラスメイトや同年代の子どもたちと一緒に、ごみ拾いや署名活動をし、ついには知事を説得して、2018年、バリ島全体でレジ袋が禁止されることになりました。地元のメーカーと協力して、オリジナルエコバッグもつくって売っています。

ホームページ：
http://www.byebyeplasticbags.org

上／2018年に行ったごみ拾いにはたくさんのひとが参加しました。

左／バリ島があるインドネシアの小学生のために、プラスチック問題を伝えるブックレットもつくりました。

「ストローを使わない日」を実現した

マイロ・クレスさん

米国に住むマイロさんは2011年、9才だったとき、プラスチックストローの使い捨てを減らすキャンペーン「ビー・ストロー・フリー（ストローなしでいよう）」をスタート。飲食店に、お客さんに何も言わずストローを出すのではなく、「まず、ストローがほしいかどうかを聞いて！」と呼びかけました。政治家にも協力してもらい、2013年、コロラド州知事が7月11日を「ストロー・フリー・デー（ストローを使わない日）」にすると宣言しました。

ホームページ：https://www.ecocycle.org/bestrawfree

上／コロラド州知事と一緒に。
右／マイロさんの活動に賛成して、ストローを減らしているお店には、「ビー・ストロー・フリーのメンバーです」と、ステッカーが貼られています。

プラスチックフリーで
いこう！

高田秀重
（東京農工大学 農学部 環境資源科学科 教授）

海を汚しているプラスチックごみについて、長い間研究している高田秀重さん。
一緒にプラスチックモンスターを減らす仲間を求める、
高田さんからのメッセージです。

● プラスチックを「食べてはいけない」？

　この本を読んでくれて、どうもありがとう。この中で言いたかったのは、「ぼくたちの身のまわりから、できるだけプラスチックを減らそう！」ということです。本にも書かれているけれど、なぜ身のまわりからプラスチックを減らしていかなければならないか、復習しましょう。

　いちばんの理由は、プラスチックは、からだによくない化学物質が入っている場合があり、食べてはいけないから。「食べてはいけない」？　プラスチックを食べようとするひとはいないだろうけど、プラスチックは、使っているときや、ごみになった後に、空気中の酸素や日光に当たってボロボロになり、ちいさなプラスチックのくず、つまりマイクロプラスチックになって、最後は海に入っていきます。

　マイクロプラスチックはちいさいので、海のちいさな生きものに食べられてしまいます。ちいさな魚や貝は大きな魚に食べられ、大きな魚は人間に食べられます。「食物連鎖」といわれるしくみですね。その「食物連鎖」を通して、人間もマ

イクロプラスチックやプラスチックに含まれる毒を食べてしまっています。つまり、「食べてはいけないプラスチックや毒が、ぼくらの口に入ってしまう」のが、マイクロプラスチックの問題なのです。だから、プラスチックごみを減らしていこうと、世界中のひとびとが取り組んでいます。

温暖化も進めてしまう

　プラスチックごみが海に入らないようにするには、まずは、きちんとごみ箱に捨てること。そして、ごみ箱がいっぱいになったらしっかり処理すること。そのとき、ひとが住んでいない場所にごみを持っていって埋めればいいでしょうか？　いいえ、プラスチックごみを埋め立てると、プラスチックから毒が浸み出して、地下水や川の水を汚してしまいます。実際に、昔みんなが使って埋め立てられたプラスチックごみから「ビスフェノールＡ」という毒が出てきて、東京の多摩川を汚しています。

　では、リサイクルを進めればよいのでしょうか？　いいえ、リサイクルにも手間、エネルギー、お金がかかります。日本では、リサイクルできる施設が足りないこともあり、プラスチックごみの10 ～ 15パーセント（約150万トン）は東南アジアに輸出され、そこでリサイクルされています。でも、リサイクルすると、水が汚れるな

ガーナでプラスチック汚染のようすを調査したとき。ごみの管理が不充分なのに、「先進国」からごみが輸出されてくるので、汚染が進んでいる。

ゴラン高原のごみ埋め立て地で、浸み出した水を取っているところ。この水はプラスチックから出た毒で汚染されている。

どの環境汚染が起きるため、東南アジアの国々もプラスチックごみの受け入れをことわりはじめました。輸出できなくなったプラスチックごみが日本国内で燃やされています。このことは、地球温暖化を止めるためにも大いに問題です。

　プラスチックは石油からできているので、燃やすと二酸化炭素が出て、発電などに熱を利用したとしても、地球温暖化の元になります。さらに、ダイオキシンなどの有害な物質が発生します。有害な物質を発生させないためには性能のいい焼却炉が必要ですが、そのような焼却炉をつくるにはたくさんお金がかかります。そのうえ焼却炉の寿命は短く、30年ごとに建て替える土地とお金を準備しなければいけません。ずっと続けていける方法ではありませんよね。

　ところが、日本ではプラスチックごみの半分以上が燃やされています。日本はいまのところ「プラスチックをたくさん使い捨て、たくさん燃やしている」のです。これでは温暖化が進んでしまいます。

　石油からつくるプラスチックを減らすため、木材などからつくるバイオプラスチックにしていこうという動きもあります。でも、たくさん使っているプラスチックをすべてバイオプラスチックにしたら、原料の木材がたくさん必要になり、森林が破壊され、温暖化も進んでしまいます。どうしても必要なプラスチックはバイオプラスチックに替えながら、プラスチック全体を減らしていかなければなりません。

テヘランで川の汚染を調べているところ。都市の生活排水が流れてきていて、たくさんのプラスチックごみが見つかる。

モザンビークの無人島の海岸で、プラスチックごみを集めているところ。ひとが住んでいない島にもプラスチックが流れついている。

海の汚染、地球温暖化を止めるためには、プラスチックをつくること・使うこと自体を減らしていかなければならないのです。

自然の輪に入るってたのしい！

　まわりを見ると、とても多くのプラスチック製品がありますね。それらを使わないこと、自然のものに置き換えることを考えてみましょう。暮らしの中で、石油からつくったものが減り、自然のものが増えてくると、自分が自然の輪の中に入ったことが実感できてたのしいですよ。石油文明から抜け出して、循環型の暮らしをはじめましょう。

　難しそうだけれど、簡単なことがたくさんあります。たとえば、水筒を使ってペットボトルをやめたり、プラスチックのおもちゃより木のおもちゃであそんだり、買いものには布袋を持っていってレジ袋をもらうのをやめたり。洗剤やシャンプーも、液体から固形のものに替え、歯みがき粉もタブレットのものを使ってみましょう。カップめんやコンビニのおべんとうを食べるのをやめましょう。ちいさなことですが、それが環境にもみなさんのからだにもよいのです。

　プラスチックフリーに向けて、一緒に歩き出しましょう。

ラオスのごみ処分場を調査。首都ビエンチャン市で出るごみは、ほとんどが埋め立てられている。

宮城県の気仙沼でムール貝から東日本大震災のときの環境汚染を調べた。海底にはもれた石油がいつまでも残っている。プラスチックも同じ。

● 参考文献、資料

- P34、35『地球をめぐる不都合な物質　拡散する化学物質がもたらすもの』
  （日本環境化学会／編著　講談社ブルーバックス）
- P36 〜 43、P68 〜 71、P89 〜 91『プラスチック・フリー生活　今すぐできる小さな革命』
  （シャンタル・プラモンドン、ジェイ・シンハ／著　服部雄一郎／訳　NHK出版）
- P48下「立法と調査」413号「我が国のレジ袋規制に関する動向　プラスチック資源循環戦略
  の答申を受けて」（参議院常任委員会調査室・特別調査室）
- P49下　朝日新聞2017年10月26日「魚の4割からマイクロプラスチック検出　本州各地で
  採取」、毎日新聞2018年7月19日「深海魚も汚染　微小プラ検出率は70％」
- P52 〜 53東京新聞2019年6月23日「世界と日本　大図解シリーズNo.1410」
- 『いいね』39号「さよならプラスチック生活」（クレヨンハウス）

プラスチックモンスターをやっつけよう！
きみが地球のためにできること

高田秀重／監修　クリハラタカシ／絵　クレヨンハウス編集部／編

発行日	2020年4月10日　第1刷
	2022年10月20日　第4刷

発行人　落合恵子

発行　クレヨンハウス
〒107-8630 東京都港区北青山3-8-15
電話：03-3406-6372／ファックス：03-5485-7502
e-mail shuppan@crayonhouse.co.jp／URL http://www.crayonhouse.co.jp

デザイン　漆原悠一（tento）
撮影　宮津かなえ（P20、P83、P86 〜 87）
印刷　中央精版印刷株式会社